AF240138

CATALOGUE

D'UNE COLLECTION

DE

TABLEAUX

Études peintes et desséchées d'après nature,

Par feu MARILHAT.

Meubles gothiques, Armes, Costumes, Tentures, et Mobilier
d'atelier,

DONT LA VENTE AURA LIEU

HOTEL DES VENTES MOBILIÈRES,

RUE DES JEUNEURS, 42,

Salle n° 1.

Les Jeudi 13, Vendredi 14 et Samedi 15 Décembre 1849

À MIDI,

Par le ministère de M° **BONNEFONS DE LAVIALLE**,
Commissaire-Priseur, rue de Choiseul, 11,

Assisté de M. **SCHROTH**, Appréciateur, rue de la Fontaine-
Molière, n° 55,

Chez lesquels se distribue le présent Catalogue.

EXPOSITION PUBLIQUE

Le Mercredi 12 Décembre 1849, de midi à 4 heures.

PARIS.

IMPRIMERIE ET LITHOGRAPHIE MAULDE ET RENOU.

Rue Bailleul, 9 et 11, près du Louvre.

1849

CATALOGUE

D'UNE COLLECTION

DE

TABLEAUX

Études peintes et dessinées d'après nature.

Par feu MARILHAT,

Meubles gothiques, Armes, Costumes, Tentures, et Mobilier d'atelier,

DONT LA VENTE AURA LIEU

HOTEL DES VENTES MOBILIÈRES,

RUE DES JEUNEURS, N° 42,

Salle N° 1,

Les Jeudi 13, Vendredi 14 et Samedi 15 Décembre 1849

heure de midi,

Par le ministère de M° BONNEFONS DE LAVIALLE,

Commissaire-Priseur, rue de Choiseul, 11,

Assisté de M. SCHROTH, Appréciateur, rue de la Fontaine-Molière, 33,

Chez lesquels se distribue le présent Catalogue.

EXPOSITION PUBLIQUE

Le Mercredi 12 Décembre 1849, de midi à quatre heures.

PARIS

IMPRIMERIE ET LITHOGRAPHIE MAULDE ET RENOU,
Rue Bailleul, 9 et 11.

1849.

Conditions de la Vente.

———•—•——

Elle sera faite au comptant.

Les acquéreurs paieront, en sus des adjudications, cinq pour cent, applicables aux frais de vente.

———•——

DÉSIGNATION

DES TABLEAUX.

TABLEAUX.

1 — Les jardins d'Armide.
2 — Le pont du Gard.
3 — Embuscade de Nubiens.
4 — Paysages avec bestiaux sur un pont.
5 — Villa Borghèse.
6 — Halte d'Arabes.
7 — Vue d'architecture.
8 — Etude à Viviers, bords du Rhône.
9 — Une rue au Caire, ébauche.
10 — Etude de cyprès.
11 —   Id.   à Avignon.
12 —   Id.   en Auvergne.
13 —   Id.   id.
14 — Deux ébauches d'Orient.
15 — Café turc.
16 — Etude en Auvergne.
17 — Vue prise à Jérusalem.
18 — Bords du Nil.
19 — Etude dans le Midi.

50 — Un chameau.

51 — Etude au pont du Gard.

52 — Id.   aux bords du Gardon.

53 — Id.   au pont du Gard.

54 — Vue prise au Caire.

55 — Ebauche de paysage.

56 — Etude dans le Midi.

57 — Chameau.

58 — Etude au bord du Nil.

59 — Id.   dans le Midi.

60 — Id.   Id.

61 — Paysage, ébauche.

DESSINS D'APRÈS NATURE.

62 — Vue de Balbek.

63 — Id. de Philae, en Nubie.

64 — Id. au Caire.

65 — Id. au Kank.

66 — Id. au Caire.

67 — Id. de Romele.

68 — Id. de Bal masir au Caire.

69 — Id. au Caire.

70 — Id. du Kaszo-el-Ami, au Caire.

71 — Id. du temple de Memnon, à Thèbes.

72 — Id. de la mosquée, au Caire.

73 — Id. d'Alexandrie.

74 — Id. de Latakie.

75 — Id. de Gourna, partie occidentale de Thèbes.

105 — Vue du Caire.
106 — Id. de Syrie.
107 — Id. d'une rue au Caire.
108 — Id. du Nil.
109 — Id. de Boulak (Caire).
110 — Id. d'une fontaine au Caire.
111 — Id. de Tortose, en Syrie.
112 — Id. de palmiers.
113 — Id. de la maison du consul anglais, à Milo.
114 — Id. du tombeau de Méhémet-Ali (Alexandrie).
115 — Id. de Tripoli de Syrie.
116 — Id. de Corinthe.
117 — Id. d'un café au Caire
118 — Id. de deux sphynx.
119 — Id. d'une tente arabe (intérieur).
120 — Id. du Caire.
121 — Id. des bords du Nil.
122 — Id. de Kanka.
123 — Un dromadaire.
124 — Vue de la Basse-Egypte.
125 — Id. des carrières au Caire.
126 — Id. des bords du Nil.
127 — Id. id.
128 — Id. de Médine-el-Fayoum.
129 — Id. de Boulac.
130 — Id. des bords du Nil.
131 — Id. d'une mosquée (Egypte).
132 — Id. d'un colombier arabe.
133 — Id. du Caire, vu de la citadelle.

AQUARELLES ET SEPIA.

CROQUIS.

242 — Trois autres croquis paysages.

243 — Six Id. id. et palmiers.

244 — Six Id. id. et palmiers.

245 — Sept Id. chameaux et marine.

246 — Six Id. id. et paysage.

247 — Sept Id. arbres.

248 — Six Id. animaux.

249 — Six Id. id. et paysage.

250 — Six Id. paysages.

251 — Six Id. id. et chameaux.

252 — Six Id. architecture et marine.

253 — Cinq Id. paysage, marine et chameaux.

254 — Trois Id. sujets divers.

255 — Trois Id. paysage et chameaux.

256 — Six Id. architecture et bestiaux.

257 — Huit Id. et paysages.

258 — Six Id. id. et chameaux.

259 — Cinq Id. chameaux et architecture.

260 — Sept Id. id. et paysages.

261 — Trois Id. id. id.

262 — Trois Id. id.

263 — Sept Id. id. chameaux, etc.

264 — Trois paysages et architecture.

265 — Deux paysages.

266 — Cinq figures.

267 — Trois paysages.

268 — Sept figures, architecture et barque.

269 — Deux id.

270 — Deux id.

271 — Deux bords du Nil.

272 — Un id.

MEUBLES.

COSTUMES ET ÉTOFFES.

292 — Etoffes de Lampas et en tapisserie.
293 — Une garniture de lit complète en velours
vert, brodé laine et soie.

ARMES.

294 — Poignards, fusil turc, boucliers, flèches et
arcs nubiens, casques demasquinés en or,
épées, casse-tête, cote de mailles, instru-
ments de musique arabes et accoutre-
ments divers arabes, narguillé, etc.

USTENSILES D'ATELIER.

295 — Chevalets simples et à mécanique, boîte à
couleur, toiles et panneaux, acajou et autres, chàssis à clefs, etc.
296 — Tous les articles qui auraient été omis seront
vendus sous ce numéro.

Imprimerie Maulde et Renou, rue Bailleul, 9 et 11.

3 Sarmenceaux .... 33 -
1 Planche .... 8 -
Portefeuille .... 23 -
Saucisse[illegible] ... 80 -
Cheminée[illegible] ... 26 -
L Boîte .... 10 -
1 [illegible] .... 15 -
1 [illegible] .... 18 -
1 [illegible] .... [illegible]
1 [illegible] .... [illegible]
1 [illegible] .... [illegible]
[illegible]
8 [illegible]
1 [illegible] .... 11 "
4 — boîtes .... 4[illegible] "
Cadre .... [illegible] "
4 boîtes à [illegible] 2[illegible]
1 rideaux .... [illegible]
1 Tableau .... 12 -
2 Bordures 23
2 chevalet[s] ...... 9 -

1 Chevalet	—	40 —
Chevalet	—	80 —
1 Chevalet	—	31 —
2 cadre	—	40 —
[illegible]	—	[illegible]
[illegible]	—	80 —
[illegible]		23
[illegible]		80 —
[illegible]		6 —
[illegible]		40 —
[illegible]	—	10 —
[illegible]	—	10 —
[illegible]		[illegible]
casque		[illegible]
Brassard	—	70 =
[illegible]		40 —
[illegible]	—	80 —
[illegible]	—	140 =
[illegible] à l'oig[illegible]		
et 1 sabre =	49 =	
Bibelot	.95	

epee		80 —
Pâte d'hippopo.	181	—
Panier	—	11
[illegible]	300	—
[illegible]	—	66 —
Coffre		80 —
[illegible]	—	46 —
Divers meuble	—	180 —
table	—	185 —
[illegible] fauteuil		85 —
2 tabouret / chaise		
1 tabouret	—	82 —
parapluie	—	14
Costume	—	19 —
Costume	—	59 - 50
Etoffe	—	15 = "
Etoffe	—	61 — "
Etoffe	—	49 = 1
Etoffe	—	102

www.ingramcontent.com/pod-product-compliance
Lightning Source LLC
LaVergne TN
LVHW021502060726
842527LV00006B/2407